DES MAGISTRATS D'AUTREFOIS, DES MAGISTRATS DE LA RÉVOLUTION, DES MAGISTRATS A VENIR.

Moribus antiquis stat Res romana virisque. (ENNIUS.)

PAR A. M. J. J. DUPIN, Avocat.

BIBLIOTHÈQUE ROYALE
I

A PARIS,
DE L'IMPRIMERIE DE M.e V.e JEUNEHOMME,
RUE HAUTEFEUILLE, N° 20.

25 Juin 1814.

Lf 110
7 A

DES MAGISTRATS D'AUTREFOIS, DES MAGISTRATS DE LA RÉVOLUTION, DES MAGISTRATS A VENIR.

Moribus antiquis stat Res romana virisque. (Ennius.)

1. Dès que les Romains eurent chassé les Gaulois, leur premier soin fut de rétablir le culte des dieux protecteurs du Capitole, de rassembler les traités de paix et d'alliance jurés avec les peuples voisins, et de reviser leurs lois (1). Les sages qui gouvernaient ce grand peuple, étaient trop éclairés pour ne pas voir qu'il ne suffisait pas d'avoir relevé des édifices et réparé des toits, si en même-temps on ne rappelait pas les maximes fondamentales de l'État, et les institutions qui, jusqu'alors, avaient fait la gloire et la prospérité de la Nation. Ils pensaient, et avec raison, que ce n'est pas avec des systêmes, des théories et des essais, qu'on assure la félicité des peuples, et que la stabilité de la République dépendait du maintien des mœurs antiques et du

(1) Ii ex interregno cùm extemplò magistratum inissent, *nullâ de re priùs*, quàm de religionibus senatum consuluêre. *In primis*, fœdera ac leges conquiri jusserunt, etc. TIT.-LIV. *Decad.* 1, *lib.* 6, *cap.* 1.

respect pour les hommes qui avaient vieilli au service de la patrie.

Moribus antiquis stat res romana, virisque.

Ainsi nous avons vu, qu'après avoir donné la paix à la France, notre bon Roi s'est hâté de « chercher les principes de notre charte cons- » titutionnelle dans le caractère français et dans » les monumens vénérables des siècles passés. » (*Préambule de la Constitution*).

2. Et ce fut sagement fait; car, à mon avis, il en est des peuples comme des individus. Chacun d'eux se distingue des autres par une humeur particulière, un caractère propre, un naturel à part, que rien ne saurait altérer, vaincre, ni changer : qui peut être contrarié, retenu, comprimé quelque temps; mais qui tôt ou tard fermente, renaît et se manifeste avec plus d'impétuosité, d'éclat et d'énergie (1).

Le Français est tel aujourd'hui qu'il fut dans tous les temps : inconstant, léger; mais brave, généreux, loyal, passionné pour la gloire : enthousiaste de ses Rois (2), mais ennemi dé-

---

(1) *Naturam expellas furcâ, tamen usquè recurret.* HORAT.

(2) Hanc summam, quâ pollebant reges nostri, auctoritatem, non supercilio in populos...... sed amore in populos et mutuo popularium in regem amore, qui in Francorum cordibus à natura insitus videtur. RUINART, *in præfat. ad* GREG. TURON. *Hist.* apud D. BOUQUET. *Tom.* 2, *p.* 80. *in fine.*

claré de la servitude et de l'injustice : il est et sera toujours FRANC (1).

Nos rois, francs et français comme nous, ont eu leurs défauts aussi; mais nos qualités nationales n'ont jamais brillé plus éminemment que chez quelques-uns d'entr'eux; et la France s'énorgueillit également de la sagesse et de la piété de Saint-Louis, de la popularité de Louis XII, des manières chevaleresques de François Ier, de la bonté de Henri IV, et de la grandeur de Louis XIV.

3. Mais ce qui forme le caractère distinctif, et comme le fond du cœur de nos rois, c'est cette attention soutenue qu'ils ont constamment apportée à ce que dans leurs États la puissance publique fût exercée *par justice et non à discrétion.* LOYSEAU, des *Seigneuries, chap.* 2, *n°* 8.

Leurs plus belles ordonnances avaient pour objet « de pourvoir aux biens de leur justice, » abréviation des procès, et soulagement de » leurs subjects (2). » Et si quelque guerre ou révolution venait déranger l'ordre établi, ils n'avaient rien plus à cœur que d'y promptement remédier, daignant par fois s'excuser de ne l'avoir

(1) *Nec magis id nunc est, nec erit mox, quàm fuit antè.* LUCRET.

(2) Préambule de l'ordonnance de Villers-Cotterêts, de l'an 1519.

fait plutôt « Parce qu'il restait beaucoup de re-
» liques des troubles passez en plusieurs pro-
» vinces du royaume, èsquelles il étoit besoin
» auparavant réstablir le repos » (1).

Notre siècle a été témoin de tout le mal que peut enfanter la discorde : mais nous respirons enfin; *redeunt Saturnia regna;* et le temps est venu d'espérer que LOUIS-LE-DÉSIRÉ aura « regard aussi à la grant nécessité de ce » royaume, qui sans bonne justice ne peut être » bien gouverné (2) ».

4. En France « toute justice émane du roi : elle » s'administre en son nom par des juges qu'il » nomme et qu'il institue (3) ».

Dieu en soit loué, et fasse à Sa Majesté la grâce de ne mettre et préposer en cet office que des gens en état *de le bien et loyaument remplir et exercer!*

Car c'est du choix des juges que tout dépend : même avec de mauvaises lois, de bons juges (à qui on laisse une certaine latitude), trouvent encore moyen de faire le bien; mais les meilleures lois n'empêchent pas de mauvais juges d'en abuser pour faire le mal (4).

---

(1) Préambule de l'ordonnance de Henri III, de mai 1579.

(2) Lettres Patentes du 16 février 1417.

(3) Charte constitutionnelle, art. 57.

(4) Plus valent boni mores quam bonæ leges. TACITE, *de morib. germanorum.* Cap. 19.

Quid leges sine moribus vanæ proficiunt? HORAT.

Et pourtant il ne faut pas se dissimuler que les bons choix sont moins aisés aujourd'hui qu'autrefois. Les rangs plus ou moins confondus, les anciennes familles dispersées, les nouvelles trop peu ou trop malheureusement éprouvées; les titres d'un côté, la possession de l'autre; des sollicitations de toutes parts: que d'obstacles à vaincre ! que de difficultés à surmonter !

5. Cependant on se fait naturellement les questions suivantes :

1° Pourquoi l'ancienne Magistrature était-elle si fort considérée?

2° Pourquoi les Tribunaux de la révolution l'ont-ils été si peu?

3° Comment serait-il possible de rendre à l'Ordre judiciaire son ancien lustre?

Telles sont du moins les questions que nous nous sommes proposées, et que nous avons cherché à résoudre dans l'espoir de présenter quelques vues utiles.

CHAPITRE Ier.

Pourquoi l'ancienne Magistrature était-elle si fort considérée?

6. La considération la plus étendue était anciennement attachée à l'Ordre judiciaire.

J'entends par considération, non le frisson

révérentiel qu'un esclave éprouve en présence de son maître, ou le respect intéressé qu'un particulier faible ou ambitieux affecte pour un homme puissant et en crédit; mais cette opinion libre, ce concert spontanée de toutes les voix qui s'accordent à célébrer les louanges de l'homme vertueux.

Un monarque peut élever le plus humble de ses serviteurs au faîte de la puissance; le charger d'honneurs et de décorations; en faire une espèce d'idole que personne n'aura droit d'abattre et que chacun sera tenu d'encenser: mais il ne sera pas plus en son pouvoir de faire estimer le vice que de faire mépriser la vertu. La considération dépendra éternellement de l'opinion publique; et l'opinion publique ne se déclarera jamais qu'en faveur de ceux qui l'auront mérité.

Religion. 7. Nos anciens magistrats se distinguaient surtout par une éminente piété. Ils rendaient la justice *par conscience*. Dieu était sans cesse devant leurs yeux (1); ses commandemens étaient toujours présens à leur mémoire; leur devoir

(1) On se rappelle que le tableau du Christ que le P. P. Séguier a fait placer dans la première chambre de la Cour royale de Paris, ornait autrefois la grand'-chambre du parlement. — Nous remarquerons en passant que ce tableau n'est pas d'Albert Dure comme le croit M. Denon dans son catalogue du Musée, mais bien de Jean de Bruges autrement dit Van-Eick, ainsi que les registres du temps en font foi.

était écrit dans ses saintes lois ; et c'est là qu'ils trouvaient ces belles maximes :

Non facies quod iniquum est, nec injustè judicabis. Non consideres personam pauperis, nec honores vultum potentis. Justè judica proximo tuo. LEVITIQ. XIX. 15.

8. Ils y puisaient ce courage si nécessaire au magistrat pour repousser les séductions qui l'assiégent de toutes parts ; cet amour ardent du bien public qui leur inspirait la volonté ferme de s'opposer à tout ce qui attaquait les lois et les principes de la monarchie ; et cet héroïsme avec lequel ils résistaient au roi lui-même, quand l'intérêt du roi demandait qu'on le contredit. Amour du bien public.

Noli quærere fieri judex, nisi valeas virtute irrumpere iniquitates : ne fortè extimescas faciem potentis, et ponas scandalum in æquitate tuâ. ECCLES. *Cap.* VII, *v.* 6.

La crainte de perdre son état, ses biens, et même la vie, ne pouvait rien sur eux. Des payens disaient en pareil cas, *Dulce et decorum est pro patriâ mori ;* ces magistrats chrétiens s'écriaient, *Beati qui persecutionem patiuntur propter justitiam.*

9. Leur zèle n'était pas aveugle, leur courage ne dégénérait pas en témérité. Leur amour pour la patrie et pour le prince était éclairé par une science profonde qui leur découvrait avec certitude, les limites de leurs attributions et l'étendue Science.

de leurs devoirs. Egalement versés dans la connaissance de l'Histoire sacrée et de l'Histoire profane, des lois canoniques et des lois de l'État; rien n'était capable de leur en imposer sur la nature des droits et des prétentions, l'origine des usurpations et des franchises, les abus de pouvoir, les coups d'autorité, les mesures arbitraires. Tout, dans la balance de leurs arrêts, pesé avec une égale sévérité, se décidait avec la même justice.

Naissance. 10. Leur grande naissance ne leur inspirait pas une vanité ridicule; on a même remarqué qu'ils dédaignaient de s'intituler *Ducs*, *Marquis*, *Comtes* ou *Barons*, pour ne prendre que la qualité de *Conseiller*, de *Président* ou d'*Avocat général*.—Mais elle leur donnait la hauteur et la fierté nécessaires pour déconcerter l'importance des gens de Cour, et résister aux sollicitations hardies des hommes puissans.

Richesse. 11. Ils étaient tous riches, et l'opulence dont ils étaient environnés ne servait pas seulement à soutenir la dignité de leurs charges, mais encore à les rendre inaccessibles aux séductions de la fortune qui ne sont jamais plus dangereuses que pour ceux à qui le besoin dit : *Accepte.*

Vie privée. 12. Du reste, leurs grands biens n'étaient pas pour eux une occasion de dissipation et de prodigalité. Ils ne demandaient pas, comme Trimalcion, *qu'est-ce qu'un pauvre?* La majeure partie de leurs revenus était consacrée au soulagement des indigens et des prisonniers. Tout le temps que ne réclamait pas l'administration de la justice, ils le consacraient à s'instruire dans le recueillement du cabinet. Ils n'avaient guère d'autre société que celle de leurs pareils (1), évitant avec soin les distractions étrangères, les jeux, les fêtes, les spectacles, et toute familiarité (2) avec les gens qui n'étaient pas de leur état.

Qu'on ne croie pas cependant qu'ils fussent inaccessibles. La rudesse et la brusquerie n'habitaient point aux portes de leurs palais; quiconque les abordait était également frappé de leur dignité et de leur modestie, de leur grandeur et de leur affabilité, de leur élévation et de leur patience. Pleins de bonté pour les faibles et les opprimés, ils tenaient leur orgueil en réserve seulement pour ceux qui venaient en habit doré les prier d'être injustes.

Vie publique.

13. S'ils savaient se concilier l'estime et l'amour du peuple par la pureté de leurs mœurs, la sagesse de leur vie privée, et la simplicité de leurs manières; ils savaient également s'attirer le respect et la vénération dans l'exercice

(1) Disparem vites. HORAT. IV, Od. 11. v. 31.

(2) Ex conversatione æquali nascitur contemptus dignitatis. *L.* 19. *ff. de officio præsidis.*

public de leurs charges. Quelle majesté dans ces audiences où la justice se rendait avec toute la pompe et la gravité qui semblent réservées au culte de la divinité ! Quelle attention aux plaidoiries ! Quelle rare patience dans la recherche de la vérité ! Et puis, quelle maturité dans les délibérations ! Quelle dignité dans la prononciation des arrêts ! Quelle mâle vigueur dans le maintien des principes, des mœurs et des lois, soit qu'il s'agît de conserver les *bonnes coutumes du royaume*, soit qu'il fût question de prévenir l'introduction des mauvaises. Et dans ces occasions solennelles où l'état entier de la France semblait intéressé à la conservation d'une liberté, à la répression d'un abus, à la punition d'un grand coupable : quel noble caractère (1) déployaient les officiers du ministère public ! Comme leur voix était éloquente ! Avec quelle véhémence elle s'élevait tour-à-tour contre le séditieux et l'oppresseur; contre l'esprit de fanatisme et l'esprit de novation; en faveur des lois contre quiconque avait osé les enfreindre (2) !

Étendue de la compétence.

14. De tels magistrats étaient dignes d'exercer un grand pouvoir. Leur compétence s'étendait à la fois sur les affaires publiques et sur celles des

(1) Servinum una dies pro libertate loquentem
Vidit, et oppressâ pro libertate cadentem.

(2) *Sans nul espargner.* (Lettres patentes du 16 février 1417.)

particuliers. Le criminel, le civil, la haute police, tout était de leur ressort. Le roi lui-même était leur justiciable; et ce qu'il y avait peut-être de plus admirable en France, c'est que « l'on avait justice et raison à l'encontre du roi, » aussi bien (1) qu'à l'encontre des sujets (2), » ès matières civiles ». SEYSSEL, *de la Monarchie, p. 14, édit. de* 1540 *et folio* 10 *de* 1519.

15. Les juges étaient *inamovibles;* et cela ne contribuait pas peu à augmenter en eux le sentiment de leurs forces et leur attachement à leur devoir. C'était aussi une des raisons pour lesquelles les Etats tenus à Tours, en 1483, désiraient l'inamovibilité des officiers, alléguant que « sans cela ils ne seraient vertueux, ni si hardis » de garder et bien défendre les droits du roi, » comme ils sont tenus de le faire (3) ». Inamovibilité.

16. L'étendue des ressorts, en diminuant le nombre des Cours, servait encore à accroître la considération dont elles étaient environnées. On se familiarise aisément avec ce qu'on voit de Etendue du ressort.

---

(1) Mieux-même; car c'était un adage au Palais, *qu'il fallait que le Roi eût deux fois raison pour gagner son procès.*

(2) Cette liberté laissée aux tribunaux de juger, suivant les formes ordinaires, entre le prince et les sujets, a quelque chose de si noble, que Tacite n'a pu s'empêcher de louer Tibère de l'avoir respectée. *Tiberius, si quandò cum privatis disceptaret,* FORUM ET JUS. (Annal. IV. 7.)

(3) Recueil des États tenus en France; part. 1, p. 103.

trop près et trop souvent ; on a une plus grande idée de ce qu'on n'aperçoit que dans le lointain. *Major è longinquo reverentia.*

Le respect qu'on portait aux Cours souveraines s'étendait aux siéges inférieurs ; parce qu'il ne se peut guères que les chefs d'un Ordre soient considérés, sans que tous les membres n'en ressentent les effets. D'ailleurs les cours souveraines mettaient beaucoup de soin à réprimer toutes les atteintes portées au respect dû aux moindres jurisdictions.

Ancienneté. 17. Si l'on ajoute à tout ce qui vient d'être dit que ces Cours rendaient la justice aux peuples depuis plusieurs siècles (1), et que pendant ce long espace de temps (2), leur réputation s'était fortifiée de tout ce que leurs membres avaient fait d'utile, de grand et de sage ; on aura les *principales causes de la considération qu'avait obtenue l'ancienne Magistature.*

CHAPITRE II.

Des Tribunaux de la révolution.

Abus. 18. A la fin du dernier siècle, on ne se dissimulait pas que si les parlemens avaient mérité de justes éloges, il s'en fallait bien qu'ils eussent

(1) Cela est vrai au moins du parlement de Paris.

(2) *Adeò sanctum est vetus omne!* Hor. II. Epist. I. v. 54.

toujours été exempts de blâme. Leur résistance aux ordres de la Cour n'avait pas toujours été légitimée par des motifs de salut public; l'ambition, l'intérêt personnel, avaient quelquefois inspiré leurs remontrances, et présidé à leurs délibérations.

On reprochait aussi *à ces seigneurs de parlement*, une morgue qui rendait leur voisinage dangereux et leurs prétentions accablantes. Dès long-temps le chancelier de l'Hôpital (1) leur avait dit : « On vous accuse de beaucoup de » violences; vous menacez les gens de vos jugemens; et plusieurs sont scandalisés de la » manière dont vous faites vos affaires, et sur-tout » vos mariages : quand on sait quelque riche » héritière, *c'est pour monsieur le conseiller,* » et on passe outre malgré les inhibitions (2). »

J'ai même ouï-dire qu'en certaines contrées, lorsqu'on mettait un héritage en vente, on avait grand soin de prévenir les enchérisseurs qu'il *n'était voisin d'aucun conseiller au parlement.*

19. Mais c'est sur-tout dans les justices de village que les abus étaient, sinon plus graves, parce que le pouvoir y était plus restraint; au moins

---

(1) *Mémoires et harangues* imprimés chez Chevalier.

(2) Il était défendu aux juges ainsi qu'à leurs fils, filles, neveux et nièces de contracter mariage avec des familles de leur ressort. *Ordonnance de Charles* VI. de 1488.

plus multipliés, parce qu'ils désolaient un plus grand nombre d'individus.

Loyseau (que je suis tenté d'appeller le Montaigne des jurisconsultes) en fait une peinture si naïve et si énergique que je ne puis m'empêcher de transcrire ici ce qu'il en dit en son *Discours sur l'abus des justices de village.*

« Outre que les justices de village sont abusives en tant de façons, le pis est, qu'elles sont infiniment pernicieuses, et qu'il en redonde de grandes incommodités au pauvre peuple ; ce qu'il faut représenter maintenant.

« Premièrement, il est notoire que cette multiplication de degrez de jurisdiction rend les procès immortels.... Car qui est le pauvre paysan, qui plaidant, comme dit le procez-verbal de la coustume de Poictou, de ses brebis et de ses vaches, n'aime mieux les abandonner à celui qui les retient injustement, qu'estre contraint de passer par cinq ou six justices avant qu'avoir arrest : et s'il se résout de plaider jusqu'au bout, *y a-t-il brebis ny vache qui puisse tant vivre?* mesme que le maistre mourra avant que son procez soit jugé en dernier ressort. Qui est le mineur qui poursuivant la reddition de son compte aux lieux où il y a tant de degrez de jurisdiction, ne devienne vieil avant que d'avoir son bien, si son tuteur se résout à plaider jusqu'à la fin ? Quelle injustice est ce là , qu'un pauvre homme passe tout son âge, emploie tout son labeur et consomme tout son bien en un méchant procez..... et certainement aux endroits où il y a tant de degrez de jurisdiction, il est plus expédient de tout quitter que de plaider contre un opiniastre.... D'où il s'ensuit, puisque la fin de la justice est de faire rendre à un chacun ce qui lui appartient, qu'il n'y a rien de plus contraire à la justice que ces justices de village.

« Et ne faut point dire que c'est le soulagement du peuple, de luy rendre la justice sur le le lieu ; car, à bien entendre, les frais sont plus grands en ces petites mangeries de village, qu'aux amples justices des villes : où premièrement les juges ne prennent rien des expéditions de l'audience; et au village, pour avoir un méchant appointement de continuation de cause, il faut saouler le juge, le greffier et les procureurs de la cause en belle taverne, qui est le lieu d'honneur, *locus majorum*, où les actes sont composez, et où bien souvent les causes sont vuidées à l'avantage de celui qui paye l'écot. Et quant aux causes appointées en droit il les faut porter aux bonnes villes, pour avoir du conseil, et sous ce prétexte, les épices n'en sont pas moindres. Outre que quand ces mangeurs et sangsues de village ont une riche partie en main, ils savent bien allonger pratique et faire durer la cause autant que son argent.

Non missura cutem, nisi plena cruoris hirudo.

« Mais voicy le comble du mal, c'est que non seulement la justice est longue et de grand coust aux villages, mais sur-tout elle y est très-mauvaise, et ce pour trois raisons principales.

« Premièrement, parce qu'elle est rendue par gens de peu, sans honneur, sans conscience; gens qui dès leur jeunesse n'ayant appris à travailler, ont fait estat de vivre aux dépens et de la misère d'autruy; ou qui ayant consommé leurs moyens, taschent à se recourre sur leurs voisins, par la chicanerie qu'ils ont apprise en plaidant : gens accoutumez à vivre en débauche aux tavernes, où ils s'habituent à faire toutes sortes de marchez : gens qui s'allient ensemble pour courir les villages et les marchez, et changent tous les jours de personnage, pour ce que celui qui est aujourd'hui juge en un village, est demain greffier en l'autre, après demain procureur de seineurie en un autre, puis sergent en un autre, et encore en un autre il postule pour les parties: et ainsi vivans ensemble et s'entr'entendans, ils se renvoient la pelote, ou pour mieux dire la bourse l'un à l'autre comme larrons en foire.

« Secondement, quand ils seraient gens de bien, (ce qui arrive bien rarement) ce sont ordinairement gens lettrés ny expérimentez, qui, sous prétexte d'un peu de routine qu'ils ont appris estans records de sergens, ou clercs de procureurs, accommodent ce qu'ils savent à toute cause, et instruisent si mal les procez, que bien souvent après qu'ils les ont traînés un an ou deux devant eux, quand ils sont dévolus par appel devant un juge capable, il est contraint d'en recommencer l'instruction; et néanmoins c'est la vérité que l'instruction des procez en ces petites justices est la partie de nostre estat et la plus difficile et la plus importante.—Plus difficile, pour ce qu'il y arrive bien souvent des occurrences et difficultez toutes nouvelles qui ne se trouvent dans les livres, principalement entre paysans, qui ne peuvent pas donner leur fait à entendre nettement comme feraient de bons avocats bien préparez. Et toutefois il faut vuider ces pointilles sur-le-champ sans conseil; car les causes de village ne méritent pas d'être appointées sur un point d'instruction. Et je puis dire que tel juge notable de Compagnie qui prononcerait très-bien, étant assisté de conseillers en une audience fournie de bons avocats, se trouverait bien empesché s'il s'estoit rencontré tout seul à tenir sous l'orme les plaids de sa justice, et à déchiffrer le jargon et le patois des paysans. Que fera donc en tel accessoire un praticien de village, sinon de juger à tort et à travers? — Plus importantes aussi pour ce que la faute ou mauvais jugement qui survient en la définitive, se peut bien réparer en cause d'appel; mais celle qui se fait en l'instruction est ordinairement irréparable; et d'ailleurs il est assez aisé de bien juger en un procez bien instruit; mais il est presque impossible de bien juger celui qui est mal instruit.

« En troisième lieu, la justice des villages ne peut qu'elle ne soit mauvaise, pour ce que ces petits juges dépendent entièrement du pouvoir de leur gentil-homme, qui les peut destituer à sa volonté, et en fait ordinairement comme de ses valets, n'osant manquer à ce qu'il commande.....

« Il y a encore un autre grand inconvénient qui provient de ces justices; c'est que chaque gentil-homme veut avoir son notaire à sa poste, qui référa, trois fois, s'il est besoin, son contract de mariage, on lui fera tant d'obligations antidatées qu'il voudra, si ses affaires se portent mal, ou s'il a un coup à faire: notaire qui de longue main sait se pourvoir de témoins aussi bons que luy, ou bien qui en sait choisir, après leur mort, de ceux qui ne savoient point signer. Et s'il a reçu quelques vrais contracts qui soient d'importance, il n'oseroit faillir d'en mettre les minutes ès mains et à la merci de son gentil-homme, s'il les demande, qui par après les vend, et en compose ainsi qu'il luy plaist.

« Voilà comment la foi publique est observée aux villages.....

« De ce discours il paroit clairement, à mon avis, que le plus grand et le plus important abus et désordre qui soit en France, ce sont ces mangeries de village que je ne puis appeller justices, pour ce qu'il ne s'y fait rien moins que la justice : et je diray, en passant, que j'ay balancé en moy-mesme, si je devois mettre ce discours en lumière, de crainte que les étrangers qui admirent les lois de France, ne se scandalisent, que nous ayons enduré si long-temps un tel désordre..... »

20. Tous ces abus, qui n'avaient fait que devenir de plus en plus crians, appelaient sans doute une réforme. Mais parce qu'un édifice a besoin d'être réparé, faut-il donc le détruire entièrement et le raser de fond en comble? On devait se dire avec Loyseau : « Si ne faut-il pas faire comme » les mauvais chirurgiens qui ne peuvent re- » trancher la chair morte sans anticiper sur la » vive. Il faut couper seulement ce qui est cor- » rompu et conserver entièrement ce qui est » sain. Gardons-nous de tomber d'une extrémité » en l'autre (1). »

(1) Suite du *discours sur l'abus des justices de village.*

Un conseil si sage ne fut pas suivi ; il était écrit, au contraire, qu'on ne donnerait que dans les extrêmes, que la modération serait un délit punissable ; qu'on ne réformerait rien, mais que provisoirement on abolirait tout ; que la désorganisation serait complète, et qu'on ne serait rappelé au bien que par l'excès du mal (1).

Irréligion. 21. Le trône et l'autel étaient trop fortement unis pour que la chute de l'un n'entraînât pas immédiatement celle de l'autre. Plus de roi, plus de foi.

L'impiété et l'athéisme furent *à l'ordre du jour*, et les juges, comme les autres fonctionnaires, durent être pris parmi ceux qui se signalaient dans cette nouvelle direction donnée aux esprits.

Dès-lors, plus de conscience ; plus de respect pour l'honneur, la vie et les biens des citoyens. En effet, que pouvaient refuser à la vengeance ou à la soif des richesses, des hommes qui ne croyaient pas que c'est Dieu qui tonne, et qu'il est un autre monde après celui-ci ?

Faux patriotisme. 22. La démoralisation conduisit promptement à l'anarchie ; un faux patriotisme, qui exaltait toutes les têtes, remplaça cet amour éclairé du bien public, qui, dans les beaux temps de la

(1) Sous un sceptre de fer tout ce peuple abattu
A force de malheur a repris sa vertu.
Tarquin nous a remis, dans nos droits légitimes ;
Le bien public est né de l'excès de ses crimes.

monarchie, n'échauffait que les cœurs : tout fut dans la confusion.

23. Le désordre s'augmenta encore par l'imperfection de la législation. On avait commencé par anéantir ce qu'il y avait de sage, et rien ne l'avait encore remplacé : ce n'est pas que l'assemblée constituante n'eût donné plusieurs bonnes lois ; mais bientôt elles se succédèrent sans suite et se multiplièrent sans raison. Chacun pouvant proposer des lois, elles prirent en peu de temps la teinte du caractère et des passions de tous ceux qui s'en mêlèrent, et voilà pourquoi il n'est pas d'idée folle, gigantesque, atroce même, qui n'ait été mise en avant et convertie en loi (1). Mauvaises lois.

---

(1) *Secutæ leges, etsi aliquandò in maleficos ex delicto, sæpiùs tamen dissentione ordinum, et apiscendi illicitos honores, aut pellendi claros viros, aliaque ob prova, per vim latæ sunt.* TACIT. Ann. III., 37. — *Corruptissimâ republicâ, plurimæ leges.* ibid. 27.

Nous avons compté jusqu'à *cent-cinquante et une lois* ou décrets, portés en *cinq jours* de temps ; (les 11, 12, 13, 14 et 15 août 1792.) Dans le nombre, 1° il y en a dont la rédaction n'est pas même française ; exemple : par la loi du 12 août 1792 « l'assemblée » nationale, met lesdits citoyens sous la sauve-garde de la loi, *également que tous* les autres citoyens ; 2° d'autres sont ridiculement conçues ; exemple : décret du 19 brumaire an 2, « *qui invite à* » *faire des offrandes à la patrie en chemise.* » Autre décret du 14 mars 1793, portant qu'on peut faire des culottes *de toute étoffe* ; 3° Lois de rage et d'impuissance ; exemples : décret du 12 octobre 1792 qui ordonne qu'un « guidon pris sur les émigrés sera livré » au bourreau pour être brûlé » ; Le 15 septembre 1793, « la con-

Esprit de sans-culotisme.

24. Quelqu'odieuses que fussent ces lois ; l'application qu'on en faisait était plus odieuse encore ; elles consacraient en apparence la liberté, la propriété ; et par interprétation d'icelles, les plus honnêtes gens de la nation souffraient l'exil, les fers ou la mort, après avoir été au préalable, scrupuleusement dépouillés de leurs biens par les Fabricius et les Aristide qui nous prêchaient le mépris des richesses et l'égalité.

Car telle était la barbare ignorance de ces farouches républicains, qu'en se couvrant de toute espèce de crimes, ils se vantaient d'imiter les grands hommes de l'antiquité dont ils usurpaient si ridiculement les noms.

Curios simulant et Bacchanalia vivunt.

Au milieu de ce cahos révolutionnaire, si quelque voix s'élevait pour demander justice,

---

» vention après avoir entendu le comité de *salut public*, décrète » *qu'elle renonce désormais à toute idée de philantropie.* » Le 27 brumaire an 2 ; elle déclare *sa résolution constante d'être terrible envers ses ennemis* ; le 7 prairial an 2, elle prescrit aux armées *de ne faire aucun prisonnier anglais ou hanovrien* ; décret du 7 août 1793 ; qui *déclare Williams Pitt ennemi du genre humain* ; 4° lois atroces ; elles sont innombrables ; nous ne donnerons pour exemple que celle du 6 septembre 1793, portant (art. II.) que « ceux qui seront découverts sous un déguisement ou travestis» sement quelconque, ou *qui seront supposés* d'une nation diffé» rente de celle sur le territoire de laquelle ils sont nés, seront » *punis de mort* » ; 5° lois immorales : il suffira de rappeller celle qui accorde une *prime aux filles-mères.* — Arrêtons-nous.....

elle n'était plus, comme autrefois, entendue par des magistrats protecteurs de l'innocence et de la faiblesse ; les uns avaient péri, d'autres avaient émigré, le reste se tenait caché.

On ne voyait dans toutes les places que « de petites gens, de nulle autorité et prudence » (1), des citoyens de la veille, (2) des hommes de terre, (3) des sans-culottes en un mot, aussi sales dans leurs costumes (4), que dégoûtans dans leurs discours, méprisables par leurs mœurs, révoltans par leur inhumanité.

Sous cet affreux régime, un juge courageux, un juge incorruptible, un juge honnête homme, un juge enfin, était une exception à la règle qui prescrivait de les prendre de préférence parmi ceux qui n'avaient ni âme, ni cœur, ni esprit; et qui, par bassesse, par férocité, ou par ignorance, étaient également propres à protéger le crime et à condamuer la vertu.

Quelle vie menaient alors ces magistrats jugeant au milieu des cris de la populace, vêtus comme elle, ayant pour toge une carmagnole, pour mortier un bonnet rouge, pour code les

---

(1) Lettres patentes du 16 février 1417.

(2) Hesterni quirites. PERS. *sat.* 3.

(3) Progenies terræ. *sat.* 6.

(4) On ne pouvait pas même *saluer leur robe*, car ils n'en portaient pas.

décrets de la convention ! Tutoyés par les parties et par leurs défenseurs ; les tutoyant par réciprocité ; fraternisant avec le premier venu ; sortant d'un club furieux pour monter au tribunal, et quittant le sanctuaire de la justice pour se livrer à la débauche !

His manè edictum, post prandia Callirhoën. PERS. sat. I.

Changemens, réorganisations, épurations.

25. Ce n'est pas que cet ordre de choses ait toujours subsisté ; *ce qui est trop fort ne peut pas durer long-temps*, dit le proverbe. Il se fit des changemens notables et des améliorations sensibles. Mais au lieu d'aller à la racine du mal pour l'extirper tout-à-fait, on se contenta de ces palliatifs qui ne font que calmer momentanément la douleur sans opérer la guérison.

Les lieux où l'on rendait la justice furent assainis, les costumes rendus plus décens, les hommes mieux choisis ; mais les mœurs n'étaient pas devenues meilleures, les lois n'avaient pas cessé d'être absurdes, injustes, contradictoires ; les mêmes idées dominaient encore en secret ; et comme les déplacemens avaient porté plutôt sur un petit nombre de chefs que sur la foule des subordonnés, la masse n'en offrait pas moins un mélange impur de méchans accolés à des gens de bien.

Semblables à ces eaux infectes qu'on laisse reposer quelque temps, elles s'éclaircissent à la surface et la boue se précipite au fond; mais la moindre agitation qui survient fait remonter la fange, et ce qui reste d'eau pure ne sert qu'à faire paraître la mixtion plus dégoûtante.—Ainsi dans ces tribunaux, soi-disant *épurés*, croupissaient des vices qui n'attendaient qu'un moment de trouble pour reprendre le dessus, et jetter le désordre dans la société.

De nouveaux changemens parurent donc nécessaires et ne tardèrent pas à suivre les premiers; mais au lieu du bien qu'on en attendait, ces mutations trop fréquentes, ces réorganisations trop multipliées, ces épurations si bien conçues et si mal exécutées, eurent le double inconvénient d'attiédir le zèle de ceux qui auraient pu s'attacher à leur état, et d'éveiller l'ambition de ceux qui voulaient s'élever. Les juges s'appliquaient moins à connaître les *choses* qui devaient les instruire que les *hommes* qui pouvaient les protéger (1). Véritables Sisyphes, ils roulaient sans cesse le rocher de leur ambition vers le sommet des honneurs, et n'exerçaient leurs charges qu'avec la mobile inquiétude d'un candidat

Quem ducit hiantem
Cretata ambitio. PERS. sat. V.

---

(1) Quant on dit d'un homme, *qu'il a bien des connaissances*, *de grandes connaissances*, cela ne signifie plus, comme dans le

Autres causes.

26. Cela fut vrai surtout depuis que B*** eût saisi les rênes du gouvernement.....

Mais sous ce régne, d'autres causes s'opposèrent à ce que l'ordre judiciaire fût respecté comme il aurait dû l'être, comme il serait à desirer qu'il le fût.

Goût militaire.

27. Le gouvernement était militaire, la voix des lois était étouffée par le cliquetis des armes; toute la considération semblait réservée aux soldats; *togæ cedebant armis.*

Amovibilité

28. Les juges ne se regardaient pas comme *inamovibles;* vainement quelques lois avaient annoncé qu'ils seraient désormais *nommés à vie;* leur exécution avait toujours été différée, ou du moins, les destitutions arbitraires prononcées au mépris de ces lois, faisaient que les citoyens ne comptaient pas plus sur leurs juges, que les juges ne comptaient sur leurs places; leur unique peur était de les perdre, leur plus grand soin de travailler à s'y maintenir.

Cours trop multipliées.

29. Les cours étaient trop multipliées, les ressorts trop peu étendus.

Compétence trop restreinte.

30. La compétence était trop restreinte. L'administration attirait tout à soi: c'était elle, à proprement parler, qui exerçait la jurisdiction ordinaire, et qui décidait des plus grands in-

---

Dictionnaire de l'Académie, *il sait beaucoup, il possède beaucoup de sciences;* mais, *il a de grandes protections, des amis puissans.*

térêts ; les tribunaux et les cours n'avaient conservé que ce qu'il n'avait pas été possible de leur enlever. Loin de remarquer parmi les magistrats cette ardeur avec laquelle un Corps défend ordinairement ses prérogatives, on les voyait assez souvent se déporter d'affaires dont la connaissance leur était exclusivement réservée (1). Le ministère public, au lieu d'être l'organe du tribunal ou de la cour, semblait s'en détacher, et n'être là que comme une vedette placée par le CHEF pour observer la justice en ennemie.

31. Voilà, je crois, les principales causes auxquelles il faut attribuer la déconsidération de de l'ordre judiciaire : elles expliquent suffisamment *pourquoi nos tribunaux modernes n'ont pas obtenu la même estime que les anciens.* Conséquence.

CHAPITRE III.

Des Moyens de rendre à la Magistrature son ancien lustre.

Non, si malè nunc, et olim
Sic erit. HORAT. II. od. 10.

ET c'est avec plaisir, qu'abandonnant les tristes

---

(1) Cette timidité s'explique assez par la crainte qu'avaient les juges d'encourir les peines que certaines lois prononçaient personnellement contre eux, en cas d'empiétement sur le territoire administratif. — Ces lois, au surplus, sont encore moins absurdes que celles qui depuis ont transporté sur la tête des greffiers, les peines encourues par la faute des juges..... *plectuntur achivi.*

réflexions qu'a fait naître un retour inévitable sur des temps malheureux, j'en reviens à chercher ce qui peut les faire oublier :

Nunc ego mitibus
Mutare quæro tristia. HORAT. I. od. 17.

32. L'état actuel de l'ordre judiciaire est incontestablement le meilleur de tous ceux que la révolution a produits.

On y voit figurer des noms illustres, d'anciens magistrats, de vieux jurisconsultes, de jeunes avocats.

A l'exemple de ses prédécesseurs, le roi rendra justice aux titres de chacun.....

33. On trouve dans le Recueil des *ordonnances du Louvre*, tome X, page 436, des *lettres-patentes* données à Troyes, le 16 février 1417, dans des circonstances qui ne sont pas sans analogie (je ne dis pas avec les derniers événemens, mais) avec notre révolution.

Ces lettres débutent par un éloge pompeux du parlement de Paris, sous les règnes précédens. « Jadis, par récitation des anciennes his-» toires..... fu cedit royaume moult honoré.... » parce que *justice en grant équité y était » briefvement administrée* par les pères (pairs) » de France, et royaux conseillers.....*rendant » à chacun ce que sien était*, exhaussants et » rémunérants les bons, corrigeants et punis-

» sans les mauvais, selon leurs démérites, *sans* » *nul espargner;* dont la renommée fut si grande » et si glorieuse par le monde universel, que les » nations et provinces, tant voisines dudit » royaume comme étranges et très-lointaines, » souventes fois y affluaient, les aucunes pour » contempler l'état de la justice qu'ils réputaient » plus à miracle qu'à œuvre humaine, les autres » libéralement se y soumettaient pour y avoir » droit et appaisement de leurs grans débats et » haultes querelles, *et y trouvaient en tout* » *temps équité, justice et loyal jugement;* » et si long temps que de telles vertus ledit » royaume a été adorné, tant longuement il » demoura en prospérité et félicité ».

On reproche ensuite aux factieux qui avaient renvoyé l'ancien parlement, d'avoir « opprimez » en diverses manières très-grant nombre de » personnes...... qui désiraient et requéraient » la paix et bon gouvernement dudit royaume.... » en jettant les uns à la rivière, en bannissant » les autres, les boutant hors de leurs emplois, » les envoyant en exil en loingtain pays, ravis» sant leurs biens meubles et revenus, et tant » de leurs bénéfices et offices comme de leur » patrimoine et aultrement, iceux biens appli» cants à leur singulier profit; fait mutation de » monnaie très-préjudiciable et dommageable à

» la chose publique de cedit royaume, et fait » fondre les reliques et joyaux tant de monedit » seigneur (roi), comme de l'église de Notre-» Dame de Paris, et d'autres églises, pour en » faire à leur plaisir ;—bouté feu en divers lieux » de ce royaume, tué, rançonné et pillé indifféremment toutes personnes........ et fait tant » d'autres cruelles et inhumaines oppressions, » que entendement humain pouvait penser ».

On leur impute aussi d'avoir « pour plus » longuement démourer en leur violent gou-» vernement et torcionnaire authorité, mis et » préposé, au lieu de prud'hommes pour exer-» cer tant la justice souveraine du parlement à » Paris, comme d'ailleurs, *gens de nulle auc-» torité et prudence*, confédérés à euy, sé-» ditieux, perturbateurs de paix, conspirateurs, » cruels, ignorans, ennemis et adversaires du » bien commun, *persécuteurs des bons et sous-» teneurs des mauvais;* dont la justice souve-» raine et autres justices de ce royaume *ont été » et sont depuis ledit temps violentées, cor-» rompues, peureuses, aveugles, subjectes et » au dernier point méprisées.* »

On considère ensuite qu'on ne peut « pour-» voir convenablement aux inconvénients des-» sus dites, *se justice n'a lieu et cours en ce » royaume*.... justice *sans laquelle royaumes » et polices ne peuvent longuement durer.* »

En conséquence on y montre la nécessité de créer une autre cour de parlement « en laquelle » doivent être mises et préposées notables et » solennelles personnes, de grant science, loyau- » té, prudence et expérience de justice, ayant » Dieu devant les yeux, aimants mondit sei- » gneur, sa seigneurie et le bien commun du » royaume; qui, pour doubte de menaces, faveur, » ou acceptation de personnes, rejettées toutes » haines et corruptions, ne laissent ou différent » à faire loyale justice, tant aux grants comme » aux petits, à la semblance et manière des vrais » et loyaux juges qui, en la cour souveraine » etcapitale de ce royaume, soulaient * par » grant diligence rendre droit, justice et rai- » son à un chacun ».

* Solebant.

34. Voilà, en effet, toutes les qualités qui constituent le bon juge, le véritable magistrat; mais où trouver des hommes qui les réunissent au même degré?

Les vertus devraient être sœurs,
Ainsi que les vices sont frères.
Dès que l'un de ceux-ci s'empare de nos cœurs,
Tous viennent à la file, il ne s'en manque guères;
J'entends de ceux qui, n'étant pas contraires,
Peuvent loger sous même toit.
A l'égard des vertus, rarement on les voit
Toutes en un sujet éminemment placées
Se tenir par la main sans être dispercées.

Celui-ci sera noble, mais iguorant; celui-là

docte, mais déloyal; un troisième s'étudiera à paraître tout autre qu'il n'est réellement ; on le croira pieux, et ce ne sera au fond qu'un hypocrite; il aura le ciel dans les yeux et l'enfer dans le cœur.

35. A défaut de certitude, et puisqu'on ne peut pas

A des signes certains,
Reconnaître le cœur des perfides humains,

il est bien force de s'en tenir aux apparences: elles ne trompent pas toujours ceux qui savent les interroger.

Ainsi, par exemple, quoique l'héritier d'un grand nom, puisse n'être qu'un sujet très-médiocre, cependant il est à croire que s'il ne remplit pas ses fonctions avec éclat, il attachera quelqu'importance à ne pas se déshonorer par des actions indignes de ses aïeux. Son peu de mérite personnel ne l'empêchera pas d'être fier du génie de ses ancêtres, et si le souvenir qu'il en aura conservé ne le porte pas à de grandes choses, il l'empêchera du moins de s'avilir.

Il est rare, sans doute, qu'un homme très-riche soit en même-temps un homme laborieux, un érudit; mais s'il n'a pas beaucoup de science, il a ordinairement reçu une éducation première qui a façonné son esprit et l'a disposé à acquérir de l'instruction; comme une terre bien cultivée est propre à recevoir toute espèce de semence, quoiqu'elle n'ait encore porté aucun fruit. Il est enfin à espérer que l'homme comblé des dons de la fortune, ne sera pas corruptible comme celui qui n'a que sa place pour vivre (1); et ce n'est pas un médiocre avantage.

La vie qu'un homme a menée peut servir beaucoup à se fixer sur son compte. Il est naturel de penser que celui qui est né dans la Robe, qui a pris ses grades dans une faculté de Droit, exercé ensuite la profession d'Avocat ou géré quelqu'emploi judiciaire, a acquis une expérience proportionnée à la nature de ses occupations, au temps qu'il y a consacré, à la réputation qu'il s'y est faite.

36. Il est vrai que ces règles fléchissent le plus souvent sous le poids des recommandations, et cette cause influe si puissamment et si généralement sur les mauvais choix, qu'en déplorant ses tristes effets, je ne puis me dissimuler d'avance l'inutilité des réflexions que je vais présenter.

---

(1) Je suis loin cependant d'insinuer qu'on ne doit mettre ou laisser en place que des *gens dont la fortune est faite*. Cela pouvait être bon jusqu'à certain point, quand tout était *in suo loco*; mais ne vaudrait rien à la suite d'une révolution qui a ruiné beaucoup de familles honnêtes et enrichi force fripons.

On dira bien avec Horace, à ceux qui font métier de recommander autrui :

> *Qualem commendes, etiam atque etiam adspice; ne mox*
> *Incutiant aliena tibi peccata pudorem :*

mais ils n'en feront rien.

On dira bien encore aux personnes à qui ces recommandations s'adressent : *N'y ayez aucun égard, toutes les fois qu'elles s'appliqueront à des sujets indignes.* Mais ils vous répondront : *Comment faire? Monsieur un tel est recommandé par M. le Prince...., par Monseigneur...., par Madame la Duchesse........, par son Eminence..., je ne puis pas m'empêcher de le présenter.* On le présente donc ; mais, par événement, il se trouve que le sujet nommé n'est qu'un mauvais praticien qui a su en imposer à un brave militaire, ou un faux dévôt qui a surpris la religion d'un saint Prélat, ou un fat qui a fait des vers pour la femme d'un homme en crédit.

37. Si les recommandations n'étaient pas assez puissantes pour ôter à celui qui fait le travail la liberté du choix, nous conseillerions d'avoir plutôt égard aux notes venues d'en bas, qu'à celles qui viennent d'en haut. Il y a ordinairement plus de vérité dans celles-là, et plus de complaisance dans celles-ci. Un candidat a pu trompar le dignitaire dont il a brigué la protection et

capté la bienveillance, il n'en aura pas imposé avec autant de facilité à ses égaux.

Cependant, il faut aussi se défier de l'*esprit de localité*. Dans les villes de province, tout se fait *par coterie*. On met sur la liste un sujet qui en est digne, mais à côté de lui on place un homme incapable qu'on n'a pas osé refuser *de peur de se faire un ennemi*. Dans une autre occasion, si la concurrence s'établit entre deux hommes qui aient, comme on dit, *voix en chapitre*, ils trouveront bien le moyen de concilier leur intérêt réciproque. — « Présentez mon fils (dira l'un) » pour une place de juge en première instance, » et je serai d'avis qu'on mette votre neveu sur » la liste des conseillers-auditeurs ; il y a bien » *un tel* qui se met sur les rangs, il n'est pas » sans talent, mais nous l'écarterons par la fin » de non recevoir, son tour viendra une autre « fois, etc. »

Voilà un des mille moyens qu'on emploie journellement pour égarer le choix du souverain et le faire tomber sur des sujets indignes de sa faveur.

38. Au milieu de tous ces piéges, le devoir de celui que le Prince honore de sa confiance au point de se reposer sur lui du soin des présentations, son devoir, disons-nous, et de s'appliquer à distinguer :

Les hommes nouveaux qui veulent parvenir, des gens qui ne font que de céder à l'impulsion d'un goût héréditaire ;

L'homme indépendant qui ne cherche que l'honneur, de l'homme avide qui court uniquement après l'argent ;

L'homme qui demande une chose méritée, de celui qui poursuit une faveur injuste ;

L'homme exercé, de l'homme incapable ;

L'homme vertueux, de l'homme taré ;

L'homme généralement estimé, de celui dont la réputation est mauvaise, ou équivoque, ou nulle ;

En un mot, il ne doit pas perdre de vue que la justice étant la première dette de la souveraineté, il faut que ceux qui sont chargés d'en acquitter la conscience du roi, la rendent comme il la rendrait lui-même s'il était encore d'usage en France que le roi jugeât en personne.

39. Si la première organisation est bien faite, les recrutemens seront bons ; les sujets indignes n'oseront plus se mettre en ligne ; ils ne trouveraient ni appui ni complaisance auprès des sages dont il s'agirait de devenir les collègues ; ils ne seraient pas admis à siéger à côté d'eux. — Mais si l'on fait *de la mouture*, si l'on veut, comme on dit, *ménager la chèvre et le choux*, le mauvais gâtera le bon ; et au lieu d'avoir des magistrats

justement et universellement considérés, on aura, dès-à-présent et pour toujours, des magistrats aussi peu estimables et aussi peu estimés que ceux dont il est parlé dans notre chapitre deux.

40. L'essentiel sera sans doute de choisir de bons juges; mais il ne suffira pas de porter son attention sur les *individus* : l'organisation judiciaire *en général*, nous paraît susceptible de quelques amendemens que nous allons indiquer.

1° *Des Cours d'Appel.*

41. Je ne ferai, sur les cours d'appel, que deux observations :

La première, c'est qu'elles sont trop multipliées. Il est à désirer qu'on en diminue le nombre et qu'on agrandisse leur ressort. (*Voyez* ci-dessus n° 16).

La cour de Paris sur-tout doit obtenir un rayon plus étendu (1). Il convient au mouvement de la capitale que les affaires y soient en plus grand nombre qu'en aucun lieu du royaume; la justice s'y rend avec plus de pompe et d'éclat, le Barreau y est plus nombreux, plus éclairé; enfin on vient plus volontiers à Paris qu'on ne va partout ailleurs.

Celui qu'un procès force à s'acheminer vers

---

(1) Nest-il pas ridicule que dans l'état actuel des choses, la juridiction de la première cour du royaume expire sur les frontières de Gonesse!

une ville de province, arrive la veille et repart le lendemain. Il n'est venu que pour un objet; son arrêt prononcé, rien ne saurait le retenir.

On reste plus long-temps à Paris : les Monumens, les Spectacles, la Cour, sont un attrait qui retarde malgré lui le voyageur le plus empressé.

A l'occasion d'une affaire, on en fait plusieurs; le Bourguignon et le Champenois placent leurs vins; l'habitant du Nivernais vend ses bois (1); les pères amènent leurs enfans en pension; mille motifs d'agrément ou d'utilité font entreprendre le voyage de Paris avec plaisir.

Le plus grand éloignement, déjà compensé par tous ces avantages, disparaît encore par la grande facilité des communications. Toutes les routes aboutissent à Paris; et, compte fait, il en coûte moins de frais, de temps, de fatigue et d'ennui pour faire cinquante lieues en diligence

---

(1) Il ne faut pas considérer *le point central sur la carte*, mais *le point central des affaires*. Or, presque toutes les affaires de la Champagne, de la Bourgogne et du Nivernais, se font avec Paris; c'est sur Paris qu'on expédie les vins, les bois, les charbons; c'est là que sont les consommateurs et conséquemment les acheteurs; là aussi que sont les mauvais payeurs; là donc qu'on doit trouver justice. Autrefois le commerce de bois flotté ressortissait par appel à la prévoté de Paris; *il s'en trouvait bien*, et n'a pas cessé de *regretter* cette attribution de juridiction fondée *sur la nature des choses*.

ou en poste, que pour en faire trente au milieu des cahos d'un chemin de traverse (1).

42. Ma seconde observation est relative à la compétence de l'autorité judiciaire. Je voudrais la voir augmentée. Les parlemens avaient trop de pouvoir autrefois ; les tribunaux de la révolution n'ont pas eu assez d'autorité. On leur a trop ôté, il ne faut pas tout leur rendre; mais il faut prendre entre ces deux extrêmes un juste milieu. Il est surtout essentiel de bien fixer la ligne de démarcation entre le pouvoir administratif et le pouvoir judiciaire; faire ensorte que les conflits d'attribution soient moins fréquens, et mettre un terme à cette émulation de compétence entre deux autorités qui ne doivent rivaliser que de zèle pour le service du roi et le bien commun du royaume.

Les prérogatives de l'administration ont reçu beaucoup d'extention dans ces derniers temps,

(1) On va de Clamecy à Auxerre pour 5 fr. et d'Auxerre à Paris pour 25 fr. en diligence et pour 9 fr. par le coche; tandis que pour aller de Clamecy à Bourges, il en coûte au moins cinquante, par des chemins presqu'impraticables. On écrit à son avoué à Paris pour 10 sous; on lui envoye ses pièces par la diligence moyennant 20 ou 30 sous; et tout cela arrive en *deux* jours; la poste en met *cinq* pour porter une lettre à Bourges; et il faut envoyer les dossiers par des *exprès* qui ne coûtent jamais moins d'un louis. On consigne ici ces petits détails, parce que nos théoriciens ne les trouveront pas dans leurs livres.

parceque l'administration entrait avec une extrême docilité dans toutes les vues du gouvernement; et comme pour lui obéir, elle était obligée d'employer l'arbitraire à chaque instant, il fallait bien empêcher que *la Justice* ne pût contrarier ses mesures, en protégeant les victimes de ses attentats.

Quand un préfet, agissant en proconsul, mettait de son chef une taxe, un impôt; quand il donnait à ses percepteurs des lettres de marque sur les citoyens; si le père de famille inquiété par un avertissement illégal, suivi d'une contrainte plus illégale encore, avait eu la voie d'opposition devant les tribunaux, on n'aurait pas passé outre à la saisie de ses biens; ses meubles n'auraient pas été vendus sous le pilier des halles *De par M. le Préfet :* mais, faute de ce secours, faute de justice, en un mot, on s'est vu forcé de subir des vexations de toute espèce, parce qu'*on ne pouvait recourir qu'à l'Administration pour obtenir réparation des torts de l'Administration;* et que l'Administration, *juge et partie* (1)

(1) Ce n'est pas d'aujourd'hui que je me récrie contre cet abus. Témoin cette note insérée au tome 3 de mes *principia juris*, imprimé en 1808 : *apud Romanos vel ab imperatoribus vexatos, jura reipublicæ et fisci, eâdem quâ privatorum librâ, ponderabantur. Nec sibi finxerant, legitimè fieri posse, ut una pars existeret adversæ partis* ANTAGONISTA SIMUL ET JUDEX. (page 196).

tout ensemble, ne se condamnait jamais (1).

Il faut absolument revenir sur cette pernicieuse idée que l'administration seule est amie du gouvernement, et que l'esprit des tribunaux, c'est-à-dire l'esprit de justice, lui est opposé. Sans doute la justice est ennemie déclarée de tout ce qui porte atteinte à la *liberté individuelle*, à la *propriété*, à l'*honneur* des citoyens : et l'on conçoit très-bien que celui qui se jouait de tous les droits de l'humanité, devait se défier de la justice, et ne compter que sur l'aveugle obéissance de ses serviles agens.

---

(1) Il en faut dire autant de la police. Elle convient elle-même que « pendant long temps elle a été l'instrument aveugle » de la tyrannie...... qu'elle a contraint les esprits par de secrètes » persécutions...... comprimé la pensée...... répandu la terreur...... » violé, dans l'ombre de la nuit, l'asile des citoyens...... attenté, » avec une effrayante légèreté, à la sûreté individuelle. » (*Circulaire de M. Beugnot du 2 juin* 1814.) A quoi cela tenait-il? à ce que la police faisait *tout à discrétion* et *rien par justice*. Elle ne s'astreignait à aucune forme, ne tenait et ne rendait compte ni des choses ni des individus. Au lieu de se borner à prévenir les délits, elle s'autorisait des moindres soupçons pour vous jetter dans ses cachots et vous y retenir des années entières, sans qu'elle entreprît de vous faire condamner et sans qu'il fût possible de se faire absoudre. Voilà pourquoi les Français l'ont prise en horreur.—Remettez comme autrefois la police dans les mains de l'autorité judiciaire, elle n'aura plus rien d'effrayant pour les citoyens, parce que tout homme *arrêté*, sera sûr de pouvoir être *jugé*, et qu'il entreverra avec certitude, le moment de faire valoir tous les moyens propres à faire éclater son innocence. Sans cela, *pas de liberté individuelle*.

Mais un gouvernement sage, un gouvernement paternel, un gouvernement qui reconnaît que *sans bonne justice ce royaume ne peut être bien gouverné*, n'a pas à redouter de voir ses légitimes desseins contrariés par des magistrats de son choix, dont le premier sentiment sera toujours l'amour du Prince, comme leur premier devoir est le soulagement des opprimés; leur unique vœu, la prospérité de la Monarchie.

Administrateurs et magistrats, tous sont les mandataires du même chef, tous concourent à la même fin, marchent au même but, chacun sur la ligne de ses devoirs. Loin de nous donc toute prévention injurieuse à la Magistrature française; que l'Administration conserve ses droits et que la Justice recouvre les siens.

Par exemple, pourquoi ne rendrait-on pas aux cours souveraines du royaume (1) la connaissance des *appels comme d'abus?* A-t-on donc oublié que les jurisconsultes (2) et les magistrats ont été

---

(1) Un bon conseil à donner à S. M. est de se défier des Conseillers qui lui conseilleront de tout ramener à son Conseil.

(2) « Le Pape JULES III avait dénoncé la guerre au roi HENRI » SECOND, et s'y portait avec tant d'animosité et de fureur, » qu'il ne pouvait être surmonté ni par prière, ni par argent, » ni par la force des armes; et cependant ce pontife fut telle- » ment troublé et effrayé par un petit livret (le *Commentaire* » *sur l'Edit des petites dates*) que DUMOULIN fit contre lui, » qu'il le contraignit non-seulement de mettre bas les armes, mais

parmi nous les plus zélés défenseurs des *libertés de l'église gallicane* (1). Dans ces temps de ténèbres et de barbarie, où la Tiare prétendait subjuguer toutes les Couronnes, n'est-ce donc pas à leurs lumières et à leur courage que la France fut redevable de ces savans écrits, de ces vigoureux arrêts qui, au milieu de l'Europe prosternée, conservèrent l'indépendance de la monarchie (2), et présentèrent au monde obédient, le spectacle unique alors, d'une Nation saintement

---

» aussi comme se reconnaissant vaincu, de donner la carte » blanche, demander la paix et en accorder toutes les conditions, etc.» C'est aussi le témoignage qu'en rendit au Roi le connétable Anne de Montmorency, qui, en présentant notre jurisconsulte à la cour, dit: « Sire, ce que V. M. n'a pu faire et exécuter » avec trente mille hommes, de contraindre le pape Jules à lui » demander la paix, ce petit homme (car Dumoulin était de » petite stature) l'a achevé avec un petit livret. » (*Vie de Dumoulin*, *livre* 2, *chap.* 2.) Doit-on s'étonner après cela que les œuvres de ce jurisconsulte aient été mises à l'*index?*

(1) Ce que le législateur n'eut pas osé tenter, Pierre Pithou l'exécuta: il rédigea en un seul CODE les articles des *Libertés de l'Eglise Gallicane*; et quoique ce recueil de maximes ne soit que l'ouvrage d'un particulier, « cet ouvrage, dit M. D'Aguesseau, » est si estimé, et en effet si estimable, qu'on l'a regardé comme » le *palladium* de la France, et qu'il y a acquis une sorte d'au» torité plus flatteuse pour son auteur que celle des lois même, » puisqu'elle n'est fondée que sur le mérite et la perfection de » son travail. » (D'Agues., t. 1, p. 427.) — Le président Hénault atteste que « les maximes de Pithou, ont, en quelque sorte, » force de lois, quoiqu'elles n'en aient pas l'autenticité.

(2) Voyez l'*Histoire des Avocats*, par M. FOURNEL, tome 1, page 16 *et suiv.*

jalouse de sa première discipline, aussi modérée que ferme dans ses maximes, également éloignée de la licence et de la servitude; sans que jamais sa soumission ait diminué sa liberté, ni que jamais sa liberté ait porté la moindre atteinte à sa soumission.—Ce que les tribunaux et les avocats ont fait pour l'affermissement de nos libertés, n'est-il pas un sûr garant de leur empressement à les défendre de toute entreprise ultramontaine?

La loi ne met plus *aucune différence* entre les propriétés dites *nationales* et les autres propriétés des citoyens (*constit. art.* 9); renvoyons donc aux Tribunaux toutes les contestations jusqu'ici réservées à l'Administration *comme concernant les ventes de domaines nationaux.*

Qu'ils soient juges entre l'administration et les citoyens, entre les citoyens et le Roi; dans tous les procès d'ordre *privé.*

Qu'ils connaissent des réclamations relatives à *tout emprisonnement illégal;* — des oppositions à l'exaction de *tout impôt arbitraire;*

Qu'on n'ait plus besoin surtout de la permission du Conseil d'état, pour traduire devant les tribunaux le fonctionnaire qui se sera rendu coupable d'un vol ou d'une vexation envers un citoyen;

Qu'enfin la France, aujourd'hui comme autrefois, soit gouvernée *par justice et non à discrétion.*

2° *Tribunaux de Première Instance.*

43. Ces tribunaux sont un peu trop multipliés; mais ce ne serait pas assez d'un seul par département. En les réduisant, il faudrait avoir égard aux localités, *chercher le point central des affaires* plutôt que le point central sur la carte, etc., etc.

Je ne vois pas non plus pourquoi l'on se piquerait d'une trop rigoureuse *uniformité*. Au lieu d'établir sans exception dans chaque arrondissement un tribunal essentiellement composé de trois juges, trois suppléans, un procureur du roi, son substitut, un greffier; en tout neuf personnes, dont six sont salariées; qui empêcherait de se contenter, dans les villes où il y aurait peu de population et de commerce, d'établir un simple bailli royal et un procureur du roi, en réservant, pour les villes plus importantes, les tribunaux de première instance, auxquels on pourrait rendre l'ancienne dénomination de présidiaux, et que l'on composerait de cinq juges au moins, afin de conjurer la trop grande influence que les présidens ne manquent jamais d'exercer dans les tribunaux composés seulement de trois juges.

Je n'entre ici dans aucun détail sur la compétence, la procédure, les traitemens, etc., etc., parce que c'est seulement une idée que je mets en avant, et non un projet de réglement tout fait que je propose. Mais si l'on veut s'y attacher, on trouvera certainement qu'il n'en résultera pas seulement une épargne d'argent pour le trésor, mais une économie d'hommes qui permettra de faire à l'avenir de meilleurs choix.

44. Quoiqu'il en soit, et autant que possible, il faudra prendre des gens dont les places aient besoin, et non pas des gens qui aient besoin des places.....

Veiller à ce qu'ils ne soient pas les commensaux des avoués; autrement leur écot sera toujours payé aux dépens de la justice.

Les obliger à résidence. Plusieurs ont leur domicile au village; ils y laissent leurs femmes et leurs enfans; *ibi larem, rerumque ac fortunarum suarum summam constituunt;* ils n'ont en ville qu'un pied à terre, une chambre mal garnie: on les voit arriver chaque semaine la veille ou le matin de la première audience; rien ne saurait les empêcher de repartir le soir même de la dernière; on ne les trouve jamais pour les délibérés, les rapports, les remises et communications de pièces, etc. Cet abus est grave et fréquent, il faut le réprimer avec sévérité.

Que les juges suppléans ne soient pas pris parmi

les avoués *en exercice ;* ils s'en font un moyen d'augmenter leur pratique. D'ailleurs il peut arriver qu'un avoué ait dans son étude un procès sur une question semblable à celle qu'il est accidentellement appelé à juger, et l'on doit craindre qu'il ne profite de l'occasion pour faire prévaloir l'opinion qui sera favorable à sa propre cause.

L'abus est plus grand encore quand ce sont des notaires. Ils ne briguent la suppléance que pour en trafiquer en se faisant *commettre d'office* dans les liquidations, comptes et partages judiciaires, ce qui contrarie souvent les parties, et donne à leurs confrères de justes sujets de plainte.

Du reste, on ne sera pas embarrassé pour trouver de bons suppléans, quand on ne leur manquera pas de parole ; que les places qui viendront à vaquer seront réellement pour eux, et qu'on ne leur donnera pas le désagrément de voir qu'on leur préfère des gens qui n'ont pas, comme eux, employé leur temps et leur argent à servir la chose publique. — Ceci s'applique également aux conseillers-auditeurs.

3° *Justices de Paix.*

45. L'institution des justices de paix est bonne, mais susceptible de perfectionnement.

Il y a encore de ces *juges guêtrés* dont parle Loyseau, qui convertissent leurs justices en *mangeries*, qu'il faut *saouler* avec leur greffier, et qui *vuident les causes à l'avantage de celui qui paye l'écot;* de ces *sangsues* de village *qui grugent Pierre et Paul;* de ces défenseurs officieux qui, *sous prétexte d'un peu de routine qu'ils ont apprise étant recors de sergens ou clercs de procureurs*, s'ingèrent à *postuler pour les parties;* et qui, *quand ils ont une riche partie en main, savent bien allonger pratique et faire durer la cause autant que son argent.*

» Il très-expédient de remédier à ces abus et » malversations, pour le grand soulagement du » *pauvre peuple tant diminué pendant les* » *guerres, et tant surchargé de subsides, bien* » *que nécessaires depuis la paix;* afin qu'il » ne soit plus tant diverty, par les procèz, de son » labeur et trafic; et que son argent lui demeure » pour fournir aux tailles du roy ». LOYSEAU, *loco citato.*

D'ailleurs les justices de paix sont en trop grand nombre. On en trouve dans les plus petits endroits; et cependant « il est notoire que c'est » la ruine d'un village d'y avoir une justice; car » cela apprend à plaider aux paysans et les dé- » tourne de leur travail. S'il y a une ligue de » chicaneurs, ils tiennent tous les bons labou-

» reurs en bride; et s'il y a un bon ménager en la
» paroisse, ces chicaneurs lui courent sus, et ne
» cessent qu'ils ne l'aient ruiné. »

Partant « s'il plaisait à notre bon roy (1), afin
» de soulager son pauvre peuple du plat pays,
» supprimer par un bel édit, toutes celles de ces
» justices qui sont inutiles....., je dis que ce se-
» rait l'édit....... le plus nécessaire pour la réfor-
» mation de la justice qui possible ait été fait ».

46. En réduisant le nombre actuel des justices de paix, je crois qu'il sera bon d'étendre la compétence de cette jurisdiction.

Il faut considérer que tout a doublé de prix; et que 50 francs sont aujourd'hui fort au-dessous de la valeur d'un bœuf, d'une jument, et de ce qui fait le plus souvent l'objet d'une contestation entre paysans. — On pourrait sans danger laisser les juges de paix prononcer jusqu'à 200 francs en dernier ressort, et jusqu'à 500 fr., à charge d'appel au tribunal de première instance.

Il me semble aussi qu'on devrait déclarer les fonctions de juge de paix *compatibles avec celles de notaire*. On ne doit pas craindre ici les inconvéniens dont nous avons parlé à l'occasion des suppléans. Nous pensons, au contraire, qu'il en résulterait un grand avantage sous le

---

(1) Loyseau parle de HENRI IV, et moi de LOUIS XVIII.

rapport des *conciliations*, en ce que le juge depaix-notaire ne s'y employerait pas seulement avec le zèle ordinaire d'un homme de bien qui veut prévenir la ruine des plaideurs, mais qu'il y serait en outre porté par l'intérêt personnel qu'il aurait à mettre une *transaction* de plus au rang de ses minutes.

Au surplus, M. Henrion de Pansey, à qui nous devons un si bon Traité *sur la compétence des juges de paix*, sera sûrement consulté dans tout ceci, et il ne manquera pas d'indiquer tous les amendemens dont cette petite magistrature lui aura paru susceptible.

4°. *Tribunaux de Commerce.*

47. Pourquoi tant de petits tribunaux de commerce? Ne serait-il donc pas suffisant d'en conserver dans les principales villes maritimes, et dans celles des grandes places de l'intérieur où les manufactures abondent davantage, et où les affaires commerciales plus importantes, plus multipliées, plus délicates, exigent réellement un tribunal d'exception qui les juge dans un autre esprit et avec plus de célérité que les affaires civiles?

Dans les autres lieux, les affaires de commerce seraient portées aux tribunaux ordinaires, MAIS AVEC INJONCTION PRÉCISE, 1°. d'en hâter l'expédition en les jugeant sur un rôle particulier, et à des jours donnés ; 2° de n'accorder *aucun délai, sous aucun prétexte, à aucun débiteur, pour aucune dette ;* car il est désespérant pour la foi publique, qu'un créancier ne puisse pas compter avec certitude sur les termes de paiement qu'il a pris soin de stipuler, et de voir les tribunaux s'arroger le droit d'éloigner l'époque des échéances, au mépris des conventions le plus formellement, le plus solennellement formées.

5°. *Cour de Cassation.*

48. On a beaucoup parlé de supprimer la Cour de cassation : le projet semblait arrêté; un heureux mouvement d'hésitation en a différé l'exécution : puisse-t-il n'être pas repris !

L'institution est excellente en soi; elle a produit de bons effets, et n'a entraîné que peu d'abus (1).

Si l'on supprimait cette Cour, on ne pourrait plus se flatter d'établir une *jurisprudence uniforme;* chaque Cour d'appel aurait la sienne.

49. On essayerait en vain d'y remédier par le rétablissement de l'ancien *Conseil des parties.*

---

(1) Par exemple, on a et avec raison reproché à la Cour de cassation d'être *trop fiscale.* Mais voyez le remède indiqué *ci-après*, n° 52.

Il existait autrefois, et cela n'empêchait pas les parlemens de juger chacun à sa guise.

Voyons les raisons de différence entre ce qui est, et ce qui serait.

1°. On a reconnu la nécessité de rendre les juges ordinaires *inamovibles*, pour qu'ils fussent plus indépendans et plus hardis à bien faire leur devoir : (Voyez ci-dessus, n°. 15) et, par une contradiction choquante, les juges qui auraient *le droit suprême de casser tous les arrêts*, seraient *amovibles* et révocables *ad nutum*. Ce ne serait pas là, j'ose le dire, placer la Justice dans la main du Roi ; (plût à Dieu qu'elle pût y être !) mais ce serait la concentrer dans la main de ceux qui mettent toujours en avant l'autorité du Roi pour en abuser secrètement sous son nom (1). On entendrait souvent dire comme sous Henri IV : *ah ! si le Roi savait.....* Mais le Roi ne saurait jamais, il serait continuellement obsédé *par l'infestation des gens de son hôtel*. (Voyez ci-après, n°. 52, 2e. *observation*).

2°. Les affaires se jugeraient sans *plaidoiries, sur simples mémoires*, qu'un rapporteur (tel par exemple, que celui de Beaumarchais,) lirait ou ne lirait pas, et dont il rendrait un compte plus ou moins exact.

3°. Les arrêts se feraient *à huis clos* dans l'intérieur d'un palais, ouvert aux grands, mais

(1) Et omnia serviliter pro dominatione. TACIT.

fermé aux petits, en telle sorte que souvent la même sentinelle porterait les armes au demandeur, et montrerait la crosse au défendeur. — Point de défense sans publicité; et sans défense, pas de Justice.

Il résulterait de tout cela que les arrêts du Conseil seraient moins bons en eux-mêmes, moins bien accueillis par les Cours, moins estimés du public et des Jurisconsultes, que ne peuvent l'être ceux de la Cour actuelle de cassation.

5o. Mais, tout en opinant pour la conservation de cette Cour, je ne puis m'empêcher de desirer deux choses :

La première, qu'on ne l'appelle plus *Cour de cassation*. Ce nom a quelque chose *qui pèse* aux autres Cours; c'est comme un épouvantail dont on se plaît à les menacer. La Cour de cassation rejette les pourvois plus souvent qu'elle ne les accueille; elle casse quelquefois, mais elle ne casse pas toujours. Qu'on l'appelle donc *Grand Conseil*, *Conseil supérieur*, comme on voudra; mais qu'elle ne conserve pas le titre de *Cour de* CASSATION.

Le second vœu que j'exprime, est de voir mettre un frein à la licence avec laquelle on injurie les arrêts des Cours; il n'est pas un demandeur en cassation qui, parlant d'une Cour souveraine, ne dise avec un air de supériorité, elle a *violé, faussement appliqué ou interprété* telle loi, *commis un excès de pouvoir répréhensible, méconnu les bornes ou l'étendue de sa compétence, attenté à l'autorité de la Cour suprême*, etc., etc. Ces expressions (qu'on daigne y réfléchir) sont vraiment insultantes. La loi qui les autorise a pu supposer que les magistrats *se tromperaient*, mais elle n'a pas dû croire qu'ils *prévariqueraient;* sans cela elle eût autorisé à prendre contre eux la voie criminelle, et non celle du simple recours en cassation. Qu'en employant cette dernière voie, on garde donc les mêmes égards, on use de la même politesse que les Cours royales *ont si grand soin d'observer et de faire observer envers les tribunaux inférieurs;* qu'une sorte de solidarité s'établisse entre tous les corps judiciaires pour ce qui tient au respect dû à la magistrature; qu'on impute simplement à erreur (1) les méprises des cours et des tribunaux, et que l'emploi d'un moyen légal, ne soit plus une occasion ou un prétexte pour déverser l'odieux ou le ridicule

---

(1) « Si la loi permet de se pourvoir en cassation d'arrêts, » ce n'est pas que les tribunaux soient iniques; c'est que les » affaires ont deux faces, et que les juges sont des hommes. » (BEAUMARCHAIS.)

sur des hommes voués au culte de la justice par une espèce de consécration.

Tout ceci au surplus ne peut s'opérer *que par une LOI;* 1°. parce qu'il s'agirait de qualifier, de modifier ou même de supprimer un *Corps existant en vertu de lois non abrogées;* 2°. parce que le recours en cassation, *tel qu'il existe* aujourd'hui, est ouvert et garanti aux citoyens, tant au civil qu'au criminel, par d'autres lois qui, d'après l'art. 68 de la charte constitutionnelle, doivent rester en vigueur, *jusqu'à ce qu'il y ait été* LÉGALEMENT *dérogé.*

6°. *Avocats.*

51. La profession d'Avocat (au dire même de celui qui la détestait le plus) *influe si puissamment sur la distribution de la Justice* (1), qu'on ne peut guère se flatter de redonner à la Magistrature son antique considération, si l'on ne restitue en même temps au Bareau sa pureté originelle.

Le despote avait pris ombrage de ce que « dans cet assujettissement presque général de » toutes les conditions, un ORDRE aussi ancien » que la Magistrature, aussi noble que la Vertu, » aussi nécessaire que la Justice, se distinguait » par un caractère qui lui est propre; et de ce que,

---

(1) Préambule du décret du 14 décembre 1810.

» seul entre tous les états, il se maintenait tou-
» jours dans l'heureuse et paisible possession de
» son indépendance (1). »

Il résolut de l'en priver : et c'est dans cette vue que fut porté le décret impérieux du 14 décembre 1810, qui, sous prétexte de *régler l'exercice* de notre profession, n'eut pour but que de nous asservir, soit en soumettant nos Tableaux à l'approbation du grand-juge, soit en mettant des conditions et des entraves au droit de plaider librement devant toutes les cours (c'est-à-dire au droit sacré pour les parties de choisir partout leur défenseur); en nous ôtant jusqu'à la simple faculté de nommer nous-mêmes notre Bâtonnier; en nous interdisant de délibérer en Corps sur les intérêts de l'Ordre, à peine d'être poursuivis et punis conformément à l'article 293 du Code pénal *sur les associations et réunions illicites.* Enfin, en renouvelant l'humiliante disposition de l'art. 161 de l'ordonnance de Blois sur les quittances d'honoraires; disposition qui, en 1602, révolta tellement les Avocats, « qu'ils aimèrent mieux aller
» deux à deux au greffe de la Cour faire leur
» déclaration qu'ils quittaient volontiers leur
» profession, plustost que souffrir un réglement

(1) D'Aguesseau, de l'*Indépendance de l'Avocat.*

» qu'ils estimaient si préjudiciable à leur hon-
» neur (1). »

Voilà ce qu'il faut réformer.

Aussi bien nous ne sommes pas exigeans ; nous demandons seulement, mais nous demandons avec instance, *qu'on nous rende purement et simplement notre ancienne discipline* : elle vit dans la mémoire et dans le cœur de nos Anciens ; le feu sacré ne s'est pas éteint dans leurs mains vénérables ; et tout nous garantit que « ils s'efforceront de conserver à notre Ordre
» le rang et l'honneur que nos Ancêtres lui ont
» acquis par leurs mérites et par leurs travaux,
» pour le rendre à leurs successeurs (2). »

OBSERVATIONS GÉNÉRALES.

52. Je terminerai par les observations suivantes :

Ire. Observation. Recommander aux Cours d'être dorénavant moins fiscales. *La cause du fisc n'est mauvaise*, dit-on, *que sous un bon Prince* (2) : elle ne doit donc pas être favorable sous Louis XVIII. Cela ne veut pas dire qu'il

(1) Opuscules de Loisel, p. 439, *in finè*.

(2) *Ibidem*, p. 557.

(2) Magna principis gloria est, si sæpè vincatur *fiscus*, *cujus mala causa nunquàm est*, *nisi sub bono principe*. Plin. ad Traj.

faut toujours juger contre le fisc ; mais que le fisc ne doit gagner qu'à bon escient, et que, dans le doute, on doit toujours décider contre lui en faveur des particuliers. *In dubiis quæstionibus contrà fiscum* FACILÈ *respondendum est.* L. 10, ff. de jure fisci. Add. *L. unic.*, § 14, Cod. *de caducis tollendis.* C'était l'ancien droit commun de la France, attesté par CHARONDAS, *Pandect. Franc.*, *lib.* 3, *chap.* 17. DUMOULIN, *t.* 2, *p.* 14, *col.* 1, *et p.* 507, *col.* 2, *in notâ marginali, edit. de* 1681. DOMAT, droit public, *liv.* 1, *tit.* 5, *n°.* 18, *tit.* 6, *sect.* 1, *n°.* 26, *sect.* 5, *n°.* 3 *in notâ*, *sect.* 6, *n°.* 14. FURGOLE, des Testamens, *chap.* 6, *sect.* 3, *n°.* 13. BACQUET, du droit d'aubaine. CHOPPIN, *de domanio*, etc., etc.

IIe. OBSERVATION. Recommander aux Magistrats d'être courageux en toute occasion. Au criminel, de *juger chacun selon ses mérites et ses démérites*, SANS NUL ESPARGNER (1), *et sans nul vexer* (2). --- Au civil, de ne point avoir égard aux sollicitations des gens puissans ; et de *faire loyale justice, tant aux grants comme aux petits.*

Il est besoin de relever les âmes (3) ; elles

---

(1) Voyez ci-dessus n° 33. (2) L***.

(3) *Libertate opus est ; non hâc*, etc. PERS., *sat.* V.

ont pris, comme les corps, une courbure (4) qui a détruit leur élasticité; il est digne du Roi de la leur rendre ; il ne veut pas commander à des esclaves, mais à des Français.

S'adressant aux juges, il leur dira avec l'un de ses prédécesseurs : « *Que chacun de vous* » *veille* avec attention à l'avenir à ce que per- » sonne ne se porte par des motifs particuliers » de cupidité, de liaison du sang, ou de l'amitié, » *à nous suggérer choses irrégulières*, et ne nous » engage par importunité ou autrement, à rien » faire *qui blesse la justice*, *la raison*, *la* » *dignité de notre nom*, *et l'équité de notre* » *gouvernement.*—Si cependant par le malheur » attaché à l'humanité, il arrivait que nous fus- » sions *surpris*, votre zèle et votre fidélité pren- » dront soin de nous en *avertir*, afin que telle » méprise *soit corrigée*, conformément à la » raison, et avec *cette justice et cette bonne foi* » *qui conviennent à la Majesté royale et au* » *bien de nos sujets* (1). »

---

(4) O curvæ in terras animæ! PERS. *sat.* 2. — O homines ad servitutem paratos! TACIT. *Annal.* III, 65.

(5) Capitul. karol. calv. t. 2, fol. 6, *adde*, ordonnances de mars et de décembre 1344; du 19 mars 1359; du 15 août 1389, de 1453, art. 66 et 67; du 22 décembre 1499; du 18 mai 1529; du mois d'août 1539, art. 170 et 171; de mars 1545; de février 1566, art. 70 et 71; de mai 1579, art. 91, 92, 97, 98 et 200. Edits de janvier 1597, et mai 1616. Déclarations du 31 juillet

Ou encore il leur rappellera ces paroles de Charles V (dit le *Sage* devenu Roi). « Nous » sommes assez recors que aucunes fois nous » avons mandé *par importunité de requérans*, » de surseoir à prononcer les arrêts jusqu'à cer- » tain temps, sur aucune cause ; et aussi *par* « *l'infestation des gens de notre hôtel*, et au- » tres, Nous avons voulu ouïr pardevant nous » la plaidoirie d'aucune petite cause, dont il » n'appartient point ; et pour ce que nous avons » naguères été et sommes acertenés que par le » délai desdits arrêts, *le droit des parties a été* » *et est appetitié contre raison*, et semblable- « ment pour ouïr telles menues causes notre « dit Parlement a été empêché : *Nous vous* » *mandons que* dorénavant, *pour quelconque* » *lettre ou mandement que vous ayez de nous* » au contraire, vous ne sursoyez ou délayez à » prononcer et donner lesdits arrêts ; *sur ce* » *procédiez toutefois qu'il vous semblera bon* » *à faire*, SELON JUSTICE ET RAISON. » (Ordonnance du 22 juillet 1370).

Stimulés de la sorte *par le Roi lui-même*, les magistrats n'appréhendront pas de lui déplaire en defendant leurs prérogatives, et en refusant

---

1648, art. 1 ; 22 octobre même année, art. 14 et 15. Lettres patentes du 11 janvier 1657. Ordonnance d'août 1669 ; art. 4 et 38 ; d'août 1737, art. 4, 22, 26, 60.

d'avoir égard à toutes *choses irrégulières*, qui lui seraient *surprises* et qui renfermeraient

Ou des *évocations* au mépris de l'art. 62 de la charte constitutionnelle;

Ou *création de commissions et tribunaux extraordinaires*, contrairement à l'art. 63 de la même Charte.

Les Cours retrouveront alors des Présidens qui, au besoin, sauront dire au Roi, comme M. de Harlay : — « Sire, devez recevoir de bonne part ce » qui vous est remontré en toute humilité, car il » nous est commandé de craindre Dieu et hono- » rer notre Roi. *La crainte de Dieu est la pre- » mière, et que devons préférer à toutes choses...* » C'est pourquoi, Sire, quand vous commandez » quelque chose à laquelle *il nous semble en » nos consciences ne pouvoir acquiescer*, votre » Majesté ne le doit prendre en mauvaise part, » *ni juger désobéissance le devoir que nous » faisons en nos Etats;* parceque nous estimons » que vous ne la voulez, sinon d'autant qu'elle » est juste et raisonnable; et qu'ayant entendu » qu'elle n'est telle, ne serez pas offensé de n'a- » voir pas été obéi; etc., etc. (1) ».

Un tel langage honore également le sujet qui parle et le monarque qui écoute. Voilà la liberté dont jouissaient nos pères ; c'est la seule que nous

(1). Cérémonial français, t. 2, p. 597.

devions nous montrer jaloux de reconquérir.

IIIe Observation. Il serait encore à propos qu'on vît paraître une *loi* semblable a l'*édit* que donna Henri IV, au mois de janvier 1597. « Les » guerres (disait ce bon roi) et les divisions dont » notre royaume a été affligé depuis qu'il a plu à » Dieu nous y appeller, ont tellement *obscurci* » *la force des bonnes loix*, saintes constitutions » et ordonnances des rois nos prédécesseurs, » que non-seulement l'observation en a été in- » termise, mais pour la plupart ont été du tout » *perverties ou mises en oubli* entre les confu- » sions et désordres des guerres civiles ; ce » qu'ayant bien et meurement considéré, même » sur les plaintes qui nous ont été faites de divers » endroits, et ne désirant rien plus que le sou- » lagement de nos sujets, et *la justice, solide* » *fondement de tous royaumes*, leur être ad- » ministrée et rendue comme il appartient, nous » avons estimé devoir déclarer notre intention » sur l'observation des ordonnances, de laquelle » la licence du temps peut avoir fait dispenser » aucuns de nos officiers et sujets ». Pour ces causes, etc.

On *reviserait* toutes les lois existantes ;

On *abrogerait* formellement celles qui ne conviennent plus à notre gouvernement ni à nos mœurs;

On classerait les autres par ordre de matières et on en composerait des ordonnances générales (1);

N'est-il pas déplorable en effet,

1° Que sous le gouvernement du Roi très-chrétien, les *lois qui autorisent le mariage des prêtres*, ne soient pas encore abrogées, et qu'il n'existe sur ce que des lettres ministérielles dont le sens est équivoque et dont l'autorité est justement contestée, puisque *les ministres ne sont pas des législateurs;*

2° Que le *prêt sur gage à un taux illimité*, soit expressément permis jusqu'au 1er janvier 1815, par deux décrets qui, en cela, ont dérogé à la loi du 3 septembre 1807, d'après laquelle le taux de l'intérêt était restreint à cinq pour cent en matière civile, et à six pour cent en matière de commerce;

3° Que le *divorce* soit toujours permis entre catholiques comme entre payens, et que les audiences solennelles, celles où la justice déploie ce qu'elle a de plus imposant et de plus majestueux, soient, d'après les lois existantes, presqu'exclusivement consacrées à écouter les scandaleux débats nés entre mari et femme, de l'étrange facilité qui

(1) Voyez notre brochure intitulée, *de la Nécessité de reviser les lois*, etc.

leur est donnée de rompre le plus sacré, le plus indissoluble des liens;

4° L'Université est toujours aussi *exigeante* que sous B***; les *précepteurs* ne sont plus que des *percepteurs* qui lèvent à son profit sur toutes les familles, un impôt d'autant plus insoutenable, qu'il est le prix d'une instruction qu'elle ne donne pas;

5° L'existence des majorats est encore un problême pour ceux qui les possèdent, pour leurs héritiers et pour leurs créanciers. Les biens dont ils se composent sont ils ou non rendus au commerce? Peut-on les partager, les vendre, les hypothéquer?

6° Le Code criminel....... Que n'y aurait-il pas à dire?

Bref, N*** ne règne plus, mais *toutes ses lois nous restent*, et ce sont ses lois qui ont fait le malheur (1) de la Nation...... Notre bonheur dépend donc de la prompte abolition *de celles qui ne nous conviennent plus.*

Semblable à la statue de Glaucus que le temps, la mer et les orages avaient tellement défigurée, qu'elle ressemblait moins à un Dieu qu'à une bête féroce; la législation altérée au sein de nos

(1) « Il n'y a point de plus cruelle tyrannie que celle que » l'on excerce à l'ombre des loix etc. ». MONTESQIEU. *Considérat. sur les causes de la grandeur et de la décad. des Rom.*

troubles politiques, par mille causes sans cesse renaissantes, par l'acquisition d'une multitude de connaissances et d'erreurs, par les changemens arrivés à la Constitution de l'Etat, et par le choc continuel des factions, a changé d'apparence au point d'être méconnaissable; et l'on n'y trouve plus, au lieu d'une volonté agissant toujours par des principes certains et invariables, au lieu de cette céleste et majestueuse simplicité qui devrait en faire le noble caractère, qu'une mer sans rivages, un abîme sans fonds, un *cahos qui attend une nouvelle création.*

IVe Observation. Dans l'ancien régime « les Parlemens et les Cours souveraines avaient le dépôt des lois, étaient chargés d'examiner et vérifier celles qu'il plaisait au Roi de leur adresser, de faire les remontrances que l'intérêt de l'Etat ou l'utilité des citoyens pouvaient rendre nécessaires, et de porter même leur zèle et leur fidélité jusqu'au refus d'enregistrer, dans les occasions où ils ne pouvaient se prêter à l'exécution de la nouvelle loi, sans trahir le devoir et la conscience ». (*Maximes du Droit public français*, *tome* 2, *page* 1).

Ce droit d'examen et de remontrance n'existe plus; les tribunaux n'ont aucune participation au pouvoir législatif. (*Charte Constit.*, *art.* 15). Leur unique devoir est de faire lire, publier et registrer les lois purement et simplement, sans retard ni modification, de s'y conformer ponctuellement, et d'en procurer la stricte et prompte exécution.

Il serait néanmoins très-utile, que chaque année les Cours rédigeassent les observations qu'elles auraient eu occasion de faire sur les vices et les inconvéniens nés de l'application de telle ou telle loi. Ces observations seraient adressées au Chancelier, qui les mettrait sous les yeux du Roi et des deux Chambres, afin que S. M. pût, selon qu'Elle les trouverait justes, proposer, dans la forme constitutionnelle, les changemens qui seraient reconnus nécessaires. Sans cela, on ne découvrira que difficilement les abus qui se glisseront dans l'administration de la justice ; car tout le monde, je pense, est d'accord en ceci, que celui qui *applique* journellement les lois, est plus à portée que le législateur d'en connaître le fort et le faible, et d'indiquer le moyen de corriger ce qui est défectueux. Il faut donc que l'un soit *averti* par l'autre.

CONCLUSION.

On voit quel est mon avis en tout ceci. Ne pas abolir *tout* ce qui est ; ne pas rétablir *tout* ce qui était ; corriger ce qui est *mal*, mais conserver ce qui est *bien*.

Inter utrumque tene, medio tutissimus ibis.

BIBLIOTHÈQUE ... I

www.ingramcontent.com/pod-product-compliance
Ingram Content Group UK Ltd.
Pitfield, Milton Keynes, MK11 3LW, UK
UKHW022126260726
13993UKWH00003B/1263

9 782329 283463